J.J. ROUSSEAU

AUX FRANÇAIS.

J. J. ROUSSEAU

AUX FRANÇAIS.

Avec approbation du Préfet du Département
du Mont-Blanc.

J. martin.

A CHAMBÉRY;

Chez GORRIN, père et fils, Imprimeurs de la
Préfecture.

AN XI.

DÉDICACE.

Au Citoyen VERNEILH, Préfet du Département du Mont-Blanc.

CITOYEN PRÉFET,

Tous les vrais amis de la révolution voient, avec scandale et avec indignation, l'acharnement avec lequel on travaille, depuis quelque temps, à flétrir la mémoire de J. J. Rousseau; il existe une nombreuse classe d'hommes sur qui le nom de ce vertueux citoyen fait le même effet que l'eau sur les Hydrophobes, et si on leur demandait quels sont les motifs d'une haine si animée et si soutenue, ils ne pourraient donner d'autre réponse que celle de cet Athénien qui votait pour condammer Aristide à l'ostracisme (1). Mais tous les efforts des ennemis

---

(1) Par quelle étrange ressemblance faut-il que deux hommes qui ont porté le même nom, aient été également fameux par leur génie

de ce grand homme seront impuissans, les traits envénimés de leur haine ne sauraient l'atteindre. *Telum imbelle sine ictu.* Malheureusement pour eux, ses ouvrages existent, et c'est d'après eux qu'on jugera le cœur qui les dicta. Ils l'accusent d'impiété, sans songer que les livres où on la cherche sont entre les mains de tout le monde. Que ne donneraient-ils pas pour pouvoir supprimer ces pièces justificatives, et assurer, sans crainte, d'être démentis, qu'ils contiennent réellement tout ce qu'ils feignent d'y trouver ? Mais ils resteront pour leur honte, et

---

et leurs malheurs ? Ne croirait-on pas que notre lyrique a voulu peindre les persécutions qu'a éprouvées le citoyen de Genève, lorsqu'il dit dans son ode à la postérité :

Le ciel qui me créa sous le plus dur auspice,
Me donna pour tout bien l'amour de la justice,
Un génie ennemi de tout art suborneur,
Une pauvreté fière, une mâle franchise ;
Instruite à détester toute fortune acquise
Aux dépens de l'honneur.

Je n'ai que trop appris qu'en ce monde où nous sommes,
Pour souverain mérite on ne demande aux hommes
Qu'un vice complaisant de graces revêtu,
Et que des ennemis que l'amour propre inspire,
Les plus envénimés sont ceux que nous attire
L'inflexible vertu.

C'est cet amour du vrai, ce zèle antipathique,
Contre tout faux brillant, tout éclat sophistique,
Où l'orgueil frauduleux va chercher ses atours,
Qui lui seul suscita cette foule perverse
D'ennemis forcenés, dont la rage traverse
Le repos de mes jours.

Ecartons, ont-ils dit, ce censeur intraitable,
Que des plus beaux dehors, l'attrait inévitable
Ne fit jamais gauchir contre la vérité :
Détruisons un témoin qu'on ne saurait séduire,
Et pour la garantir, perdons ce qui peut nuire
A notre vanité.

Inventons un venin dont la vapeur infâme,
En soulevant l'esprit, pénètre jusqu'à l'ame,
Et sous son nom connu, répandons ce poison ;
N'épargnons contre lui, mensonge ni parjure ;
Chez le peuple troublé, la fureur et l'injure
Tiendront lieu de raison.

en y cherchant les crimes reprochés à l'auteur, la postérité ne verra dans ses erreurs mêmes, que les torts d'un ami de la vertu. Encore quelques siècles, disait éloquemment un de nos Tribuns, et les voûtes du Panthéon s'écrouleront sur les restes de cet ami de l'humanité ; mais ses écrits immortels porteront aux générations les plus reculées, des leçons de paix, de modération et de sagesse.

Je sais bien qu'il me conviendrait mal de me donner les airs d'être le défenseur de cet auteur incomparable ; cependant, je n'ai pu me refuser à la douce satisfaction de prouver à cette tourbe d'Érostrates, de Zoïles et d'Anithus, que toutes leurs imputations d'irréligion et d'impiété contre J. J. Rousseau, sont autant de calomnies.

Eh ! quand il n'y aurait pas un mot de vérité dans les livres de se sage écrivain, on n'en devrait pas moins honorer et chérir les rêveries, comme les chimères les plus douces qui puissent flatter et nourrir le cœur d'un homme de bien. Comment ose-t'on frapper d'anathème, des livres qui ne respirent que paix, douceur, amour de l'ordre, soumission aux lois ; des livres où la cause de la Divinité est si bien défendue, l'utilité de la religion si bien établie, où les mœurs sont si respectées, où l'arme du ridicule est si bien ôtée au vice, où la méchanceté est peinte si peu sensée et la vertu si aimable ? ... Ah ! Si le bonheur du genre humain pouvait naître d'un livre ; il naîtrait, à-coup-sur, de ceux de J. J. Rousseau : grand prêtre de Vesta, il entretient dans le cœur des hommes le feu sacré de la justice et de la vertu. L'éloquence de la plus part des autres écrivains, lorsqu'ils parlent de religion et de vertu, n'a qu'une chaleur factice, qui peut à peine effleurer l'ame de leurs lecteurs ; telles sont ces lampes sépulchrales qui brûlent près des morts sans échauffer leurs cendres ; mais celle de Rousseau, ressemble à ces verres lenticulaires qui réunissent les rayons du soleil, et dont le foyer brûlant dissout les corps les plus durs. C'est sur-tout lorsqu'il parle de la morale, qu'il s'exprime avec une persuasion si imposante ; que cet homme vraiment sublime, doit être regardé comme le prédicateur de Dieu dans tous les cultes, et l'apôtre de la religion dans tous les pays.

Dans les autres écrivains, on démêle d'abord la passion qui les guide, et le but personnel qu'ils ont en vue . . . . ; J. J. Rousseau chercha la vérité avec droiture et simplicité de cœur ; dans son véhément enthousiasme, il ne fut inspiré que par l'amour du bien public, sans intérêt personnel.

Courageuse victime de la vérité, au dépens du repos de ses jours, il la plaça sur son trône, et préféra, par amour pour elle, les outrages aux caresses, la pauvreté à l'aisance, la flétrissure aux honneurs ; il consacra sa vie entière à rappeler ses frères à la raison et au bonheur, à les rendre plus religieux envers le ciel et plus justes entr'eux ; il raffermit dans la carrière les pas de l'homme vertueux, et ramena celui qui s'égarait.

M.r du Peyrou.

> Quid sit pulchrum, quid turpe, quid utile, quid non,
> Plenius ac melius Chrysippo et Crantore dicit. *Horat :*

Oui, je ne crains pas de le dire, il n'y a que les vils fauteurs du despotisme et du fanatisme, qui soient intéressés à décrier les ouvrages de J. J. Rousseau ; ce puissant génie opposa à leurs iniques prétentions une digue aussi forte, que celle qu'opposa la main de l'Eternel aux flots du vaste Océan : Vous viendrez jusques-là, et vous ne passerez pas. Je conviens qu'on a abusé de ses principes, que ses leçons de sagesse ont été quel-

quefois des sources d'erreur, et qu'on n'a pas craint
de se servir de son nom, pour confondre l'infâme
licence avec la sainte liberté : mais ce n'est ni à
ses amis, ni à ses disciples, qu'on doit faire
ce reproche ; c'est à ceux qui se glissèrent furtive-
ment dans leurs rangs, en disant :

Mutemus clypeos .., quis dolus an virtus in hoste requirat. .? *Virg.*

J'ose espérer, citoyen Préfet que vous approu-
verez mon projet ; la mémoire de J. J. Rousseau
vous est chère, sans doute, puisque ses principes
de tolérance, d'impartialité, de justice, de bienfaisance, d'humanité, dirigent votre conduite privée et
publique.

Au désir de défendre la mémoire de Rousseau,
se joint un motif plus puissant ; il existe encore des
amans jaloux de la liberté, dont le cœur brûlant
s'attriste de tout ce qui paraît attaquer l'objet de
leur amour idolâtre ; peut-être voient-ils, dans l'organisation des cultes, un pas retrograde vers l'ancien
régime : leur prouver que cette organisation est
conforme aux principes du défenseur de l'égalité et
de la liberté : ne serait-ce pas les reconcilier avec
eux-mêmes, et leur rendre toujours plus chère l'heureuse révolution du 18 brumaire ? Epoque à jamais
mémorable d'où date le bonheur de la France !
Epoque de régénération ! Epoque . . . , le dirai-je,
presqu'aussi étonnante que celle de la création. . . . . !

A la voix d'un seul homme, l'ordre et l'harmonie
sortent du sein du cahos, les diverses parties du
corps social brisé et dissous, se replacent d'elles-
mêmes, et lui rendent toute sa force et sa vigueur ;
un vaste séjour de deuil offre, tout-à-coup, à l'œil
étonné, un tableau riant de joie et de prospérité ;
la lave brûlante d'un immense volcan se couvre de
fleurs et de fruits ; les murs des villes incendiées

se relèvent comme par l'effet magique de la baguette d'Armide ou de la lire d'Amphion, les flots impétueux des passions, des haines, des vengeances, restent suspendus à ses côtés, comme la mer rouge suspendit ses flots à la voix du législateur des Hébreux.

Grand Dieu! qu'était-ce que la liberté en France avant ce grand événement? Hélas! semblable à la statue de Glaucus que le temps, la mer et les orages avaient tellement défigurée, qu'elle ressemblait moins à un dieu, qu'à une bête féroce; la liberté, qu'invoquaient les Français, ressemblait plutôt à une horrible bacchante, qu'à une déesse bienfaisante... Qu'était-ce que la République? une masse monstrueuse, informe et grossière, sans mouvement et sans vie; mais enfin un nouveau Promethée vint l'animer.

Excuserez-vous mon audace, citoyen Préfet; d'avoir osé essayer de chanter l'anniversaire de ce jour glorieux? Je sentais bien la faiblesse et l'insuffisance de ma voix: mais mon zèle n'a consulté que mon cœur, et c'est lui qui me dicta les vers que j'ose vous dédier.

ANNIVERSAIRE
DU 18 BRUMAIRE.

Jam fides, et pax, et honor pudorque
Priscus, et neglecta redire virtus
Audet; apparetque beata pleno
Copia cornu.

Hor. Carm. Secul.

QU'UNE sainte et divine ivresse,
Eclate et brille dans nos yeux !
Français ! par nos chants d'alégresse,
Célébrons le jour glorieux,
Où ce héros que rien n'égale,
Vint nous tirer du noir *dédale*
Où nous errions depuis dix ans ;
Et brisa la verge fatale
Dans la main de nos vils tyrans.

Comme le cœur de *Promethée*
Renaît pour de cruels vautours,
La France toujours agitée,
Par ses malheurs comptait ses jours ;
Hélas ! les tonneaux toujours vides,
Que remplissent les *Danaïdes*,
Sans espoir du moindre succès ;
Sont l'image des mains avides,
Qui dissipaient l'or des Français.

Comme on nous peint le grand *Alcide*,
De ses mains s'entrouvant le flanc,
Sans arracher le don perfide
Dont le poison brûlait son sang ;
Ainsi, pour venger son outrage,
Et sortir d'un long esclavage,
Le Français, par un vain effort,
Perdait sa force et son courage,
Et ne changeait en rien son sort.

Bonaparte, au sein de l'*Egypte*,
Moissonnait d'immortels lauriers ;
Mais il voit la France interdite,
Trembler pour ses propres foyers..... ;
Il part, arrive ...., et sa présence
Nous rend l'espoir, la confiance :
Partout l'ordre se rétablit ;
La loi remplace la licence,
Et la victoire nous sourit.

France ! qu'était ta *République*
Avant cet heureux changement ?
Un être vain et fantastique,
Une ombre de gouvernement,
Toujours vacillante et mobile. ... ;
Mais enfin, la *robe virile*,
Lui donne un aspect imposant,
Ce n'est plus un enfant débile,
C'est un *Hercule* tout-puissant.

O France ! ô ma chère Patrie !
Reprends ton éclat, ta splendeur,
Relève ta tête flétrie ;
La *paix* assure ta grandeur :
Tu touches aux beaux jours de *Rhée*,

Themis, si long-temps désirée,
Vient du séjour des immortels,
Pour te dicter la loi sacrée,
Qui doit relever ses autels.

Aréopage, ta sagesse
Aujourd'hui ne m'étonne plus.....;
Et toi *Rome !* fière maîtresse
De tant de royaumes vaincus,
Vante ta valeur héroïque,
Et ton amour patriotique,
Montre tes lauriers éclatans :
Hélas ! la verge despotique,
Flétrit le front de tes enfans.

Athènes, je te vois, sans honte,
Sans oser élever la voix,
Gémir sous un cruel *Archonte*
Qui n'est pas même de ton choix ;
La couronne, le diadème,
Attributs du pouvoir suprême,
Peuple romain ! te font frémir,
Mais je vois ton *Tribun* lui-même,
Te flatter pour mieux t'asservir.

Le peuple français toujours libre,
Quoiqu'il délègue ses pouvoirs,
A mis un parfait équilibre
Entre ses droits et ses devoirs ;
En nommant son *Consul* à vie,
Il ne craint plus que l'anarchie,
Vienne s'abreuver de ses pleurs ;
Ni que sa fureur impunie,
Insulte à ses justes douleurs.

Grand *Bonaparte*, ton génie
Donne la paix à l'univers,
Par tes soins l'Europe est unie;
Et ton nom, au-delà des mers,
Force ces hordes sanguinaires,
D'esclaves et de vils sicaires,
Que guidait un monstre sans foi,
A sortir de leurs noirs repaires,
A se courber devant la loi.

Notre pavillon tricolore,
Emblème de l'égalité,
Du *Gange* aux rives du *Bosphore*,
Par-tout est craint et respecté ;
Enfin, la nation puissante,
Présente une masse imposante
Et d'harmonie et d'union,
Et sa main libre et triomphante,
Relève les murs de *Sion*.

Si de l'aveugle fanatisme,
Nous ne craignons plus les fureurs;
Si le poison de l'athéisme,
Ne vient plus dessécher les cœurs ;
Bonaparte, c'est ton ouvrage,
Nous t'en devons le juste hommage,
En nous redonnant tous nos droits,
Toujours bienfaisant, toujours sage,
Tu rétablis nos saintes lois.

Prêtres ! au bonheur de la France,
Immolez vos opinions,
Comme une funeste semence
De haines, de dissensions;
L'univers entier vous contemple,

Sachez nous prêcher d'exemple,
Donnez-vous le *baiser de paix* ;
Si Dieu vient de rouvrir son temple ;
C'est pour réunir les Français.

Si ces faibles strophes obtenaient votre suffrage ;
citoyen Préfet , je serais récompensé de mes veilles
d'une manière bien chère à mon cœur , en ayant
l'approbation d'un Magistrat aussi vertueux qu'éclairé.

Daignez recevoir les assurances de mon profond
respect.

J. MARTIN;

Ex-économe des Hôpitaux militaires;

J.J. ROUSSEAU

AUX FRANÇAIS.

Nec me vixisse pœnitet, quoniam ita vixi, ut frustrà me
natum non existimem.
Cato.

Français,

Mes pressentimens sont donc réalisés ; l'île de
Corse étonne l'Europe et l'Univers entier, par la
sagesse du Héros auquel elle a donné le jour ;
ma mémoire et mon nom sont donc enfin glorieusement réhabilités, puisque le plus grand des
hommes n'a pas dédaigné de suivre mes idées et
mes principes sur l'organisation des cultes. Que
la haine et l'envie continuent à distiller sur moi
leur fiel et leur venin ; que l'intolérance et le fanatisme me peignent comme un monstre, comme
un scélérat dont les écrits contiennent une doctrine
abominable, fausse, scandaleuse, erronée, impie,
blasphématoire, hérétique, etc. etc. Ma justifica-
tion sera faite en deux mots...... *Bonaparte*

B

ce génie presque divin, a utilisé mes veilles.....
Je n'ai point été trompé dans mon espoir.

La certitude qu'un jour on sentirait le prix de ma patience, contribuait à la soutenir, et en m'ôtant tout, mes persécuteurs ne purent m'ôter l'espérance.

Si ma mémoire devait s'éteindre avec moi, me disais-je, je me consolerais d'avoir été si mal connu des hommes dont je serais bientôt oublié; mais puisque mon existence doit être connue après moi par mes livres, je ne me trouve point, je l'avoue, assez de résignation pour penser sans impatience, qu'on ne se souviendra de moi, que comme d'un monstre; et que mes écrits, ou le cœur qui les dicta, est empreint à chaque page, passeront pour les déclamations d'un tartuffe qui ne cherchait qu'à tromper le public. Qu'auront donc servi mon courage et mon zèle, si leurs monumens, loin d'être utiles aux bons, ne font qu'aigrir et fomenter l'animosité des méchans : si tout ce que l'amour de la vertu m'a fait dire sans crainte et sans intérêt, ne fait, à l'avenir, qu'exciter contre moi la prévention et la haine, et ne produit jamais aucun bien; si au lieu de bénédictions qui m'étaient dues, mon nom que tout devait rendre honorable, n'est prononcé qu'avec imprécation ? Non, je ne supporterais jamais une si cruelle idée; elle absorberait tout ce qui me reste de courage et de constance. Je consentirais sans peine à ne point exister dans la mémoire des hommes, mais je ne puis consentir, je l'avoue, à y rester diffamé; non, le ciel ne le permettra point, et dans quelque état que m'ait réduit la destinée, je ne désespérerai jamais de la providence; que mes persécuteurs jouissent en paix, s'ils peuvent, toute leur vie, du bonheur qu'ils se sont fait des misères de la mienne ; je ne désire de les voir ni confondus ni punis , mais je ne puis regarder comme une chose indifférente aux hommes le rétablissement de ma mémoire et le retour de l'estime publique. Un jour viendra, j'en ai la juste confiance, où les honnêtes gens béniront ma mémoire ; voilà le fondement de ma patience et de mes consolations. L'ordre sera rétabli tôt ou tard sur la terre, je n'en doute pas ; mes nombreux ennemis me font dire tout le contraire de ce que j'ai dit ; ils me font dire noir, lorsque je dis blanc ; mais ils ont beau renfermer la vérité dans des triples murs de mensonge, elle s'échappera par quelque fissure.

Ils m'accusent d'avoir voulu détruire les sciences, les arts, les théâtres, les académies, et replonger l'univers dans la barbarie, tandis que j'ai toujours insisté sur la conservation des institutions existantes, soutenant que leur destruction ne ferait qu'ôter les palliatifs en laissant les vices, et substituer le brigandage à la corruption. Ils s'obstinent à voir en moi un promoteur de bouleversemens et de troubles, tandis que personne au monde ne porta un plus vrai respect aux lois et aux constitutions nationales, et ne montra plus d'aversion pour les révolutions et pour les ligueurs de toute espèce. Enfin, ils m'accusent d'avoir attaqué la religion. Mais, est-ce apprendre au peuple à ne rien croire, que le rappeler à la véritable foi qu'il oublie? Est-ce troubler l'ordre que renvoyer chacun aux lois de son pays ? Est-ce anéantir tous les cultes, que borner chaque peuple au sien ? Est-ce ôter celui qu'on a, que ne vouloir pas qu'on en change ? Est-ce se jouer de toute religion, que respecter toutes les religions ? Enfin, est-il donc si essen-

Lettre à
M.r
de Beau

B 2

tiel à chacune de haïr les autres, que cette haine
ôtée, tout soit ôté ? Ils m'accusent d'attaquer la
morale, tandis que dans tous mes ouvrages, j'établis
de tout mon pouvoir la préférence du bien général
sur le bien particulier, et que je rapporte nos
devoirs envers les hommes, à nos devoirs envers
Dieu, seul principe sur lequel la morale puisse
être fondée pour être réelle, et passer l'apparence.

Mais disent-ils d'un air triomphant, vous avez
dit vous-même, « tant qu'il reste quelque bonne
» croyance parmi les hommes, il ne faut point
» troubler les ames paisibles, ni allarmer la foi
» des simples par des difficultés qu'ils ne peuvent
» résoudre et qui les inquiettent sans les éclairer:
» voilà votre condamnation ; qu'avez-vous à ré-
» pondre » ? Ma réponse est dans la continuation
du même passage.

Quand une fois tout est ébranlé, on doit conserver le tronc aux dépens des branches ; les
consciences agitées, incertaines, presqu'éteintes,
ont besoin d'être affermies et reveillées ; et pour
les rétablir sur les bases des vérités éternelles, il
faut achever d'arracher les piliers flottans, auxquels
elles pensent tenir encore.

Qu'on considère l'état religieux de l'Europe, au
moment où je publiai la profession de foi du Vicaire savoyard, et on verra qu'il était plus que
probable qu'elle produirait partout le plus grand
bien.

La religion décréditée en tout lieu par la philosophie, avait perdu son ascendant jusque sur le
peuple. Les gens d'église, obstinés à l'étayer par
son côté faible, avaient laissé miner tout le reste,
et l'édifice entier portant à faux, était prêt à
s'écrouler. Les controverses avaient cessé, par-

ce qu'elles n'intéressaient plus personne, et la paix régnait entre les différens partis, parce que nul ne se souciait plus du sien. Pour ôter les mauvaises branches, on avait abbatu l'arbre, il fallait n'y laisser que le tronc.

Quel moment plus heureux pour établir solidement la paix universelle, que celui où l'animosité des partis suspendue, laissait tout le monde en état d'écouter la raison ! A qui pouvait déplaîre un ouvrage où, sans blamer, du moins sans exclure personne, on faisait voir qu'au fond, tous étaient d'accord; que tant de dissentions ne s'étaient élevées, que tant de sang n'avait été versé que pour des mal-entendus; que chacun devait rester en repos dans son culte, sans troubler celui des autres; que partout on devait servir Dieu, aimer son prochain, obéir aux lois, et qu'en cela seul consistait l'essence de toute bonne religion? C'était établir à la fois la liberté philosophique et la piété religieuse ; c'était concilier l'amour de l'ordre et les égards pour les préjugés d'autrui; c'était, sans détruire les divers partis, les ramener tous au terme commun de l'humanité et de la raison; loin d'exciter des querelles, c'était couper la racine à celles qui germaient encore ; c'était, en un mot, dans ce siècle pacifique par indifférence, donner à chacun des raisons très-fortes d'être toujours ce qu'il était, sans savoir pourquoi.

Que de maux n'étaient point prévenus si l'on m'eut écouté ! Quels inconvéniens étaient attachés à cet avantage ? pas un, non, pas un. Je défie qu'on m'en montre un seul probable, et même possible; si ce n'est l'impunité des erreurs innocentes, et l'impuissance des persécuteurs.

Si la France eut professé la religion du prêtre

savoyard, cette religion si simple et si pure, qui fait craindre Dieu et aimer les hommes; des fleuves de sang n'eussent point si souvent inondé les champs français ; ce peuple si doux et si gai n'eut point étonné les autres de ses cruautés dans tant de persécutions et de massacres, depuis l'inquisition de Toulouse, jusqu'à la Saint-Barthélemy, et depuis les guerres des Albigeois, jusqu'aux Dragonnades ; Le conseiller *Anne Dubourg* n'eut point été pendu pour avoir opiné à la douceur envers les réformés ; les habitans de *Merindol* et de *Cabrières*, n'eussent point été mis à mort par arrêt du parlement d'Aix, l'innocent *Calas* torturé par les bourreaux, n'eut point péri sur la roue. Enfin, pendant votre révolution, les flots ensanglantés de la Loire, n'eussent point été arrêtés dans leurs cours par les innombrables victimes de *Carrier*; et la Guiane n'eut point été peuplée des ministres de la religion catholique.

Une circonstance malheureuse, en arrêtant l'effet de mes bons dessins, rassembla sur ma tête tous les maux dont je voulais délivrer le genre humain. Graces au ciel ! un héros, un sage, un ami de l'humanité, vient d'exécuter ce que j'avais entrepris, et la profession de foi du Vicaire savoyard est devenue celle du Gouvernement français.

Mes ennemis vont encore me dire que je continue à soutenir des paradoxes, et à donner mes rêveries pour des vérités ; je vais donc leur démontrer que les principes du Gouvernement français, sur la religion, ne different en rien de ceux que j'ai établis. Le citoyen *Portalis*, orateur du Gouvernement, dans son discourss sur l'organisa- des cultes, établit comme points fondamentaux :

1.º Que quoique l'idée de l'existence de Dieu

soit innée en nous, et que la voix intérieure de la conscience nous fasse distinguer ce qui est juste de ce qui ne l'est pas; ce guide ne suffit pas à l'homme vivant en société, et qu'il lui faut nécessairement une religion positive;

2.º Que les lois humaines, quelques sages qu'elles soient, ne sauraient régler le cœur de l'homme, et qu'il faut nécessairement que l'autorité divine intervienne;

3.º Que le peuple a des coutumes, des habitudes religieuses, qu'un sage législateur doit respecter;

4.º Que, bien loin que les principes de la philosophie moderne puissent suppléer aux lois de la religion, ils rompent le lien social, en conduisant l'homme à l'athéisme, et, par-là même, a l'oubli de tous les devoirs du citoyen;

5.º Que la religion chrétienne est sublime et divine dans sa morale;

6.º Que les Ministres de la religion doivent, sur-tout, s'occuper à enseigner les devoirs de l'homme et du citoyen, la pureté du cœur, les œuvres de miséricorde, la confiance, la résignation, la tolérance, l'oubli des injures, le pardon des ennemis, la fraternité universelle, l'union du genre humain par la charité; et renoncer à toutes les disputes métaphysiques sur le dogme, toujours inutiles et souvent dangereuses;

7.º Que la superstiton et l'intolérance sont les fléaux les plus terribles des états;

8.º Que le Gouvernement peut s'opposer à l'introduction d'une nouvelle religion dans l'état; mais qu'il est de sa justice de protéger également toutes celles qui sont établies;

9.º Que le Gouvernement peut et doit surveiller

le culte extérieur ; mais qu'il ne peut jamais, pas plus que les ministres des cultes, scruter les consciences ; ce droit n'appartenant qu'à Dieu seul ;

10.º Que les ministres d'aucun culte ne peuvent former un corps séparé dans l'état ; membres du souverain, ils restent soumis à toutes ses lois ; ils ne peuvent se mêler de l'état civil de leurs concitoyens, à moins qu'ils n'en soient chargés par le Gouvernement ;

11.º Qu'aucune religion ne doit donner deux chefs à l'état ;

12.º Qu'en supprimant les légions de moines, aussi onéreuses à l'état, qu'inutiles à la religion ; on doit assurer une existence honnête aux officiers de morale.

Il ne me sera pas difficile de prouver que tous ces principes sont établis dans mes ouvrages. J'ai dit :

Emilie liv. 4. J'apperçois Dieu partout dans ses ouvrages. je le sens en moi, je le vois autour de moi. Il est un livre ouvert à tous les yeux, c'est celui de la nature. C'est dans ce grand et sublime livre que j'apprends à connaître et à adorer son divin auteur. Nul n'est excusable de n'y pas lire, parce qu'il parle à tous les hommes un langage intelligible à tous les esprits.

Si la matière mue me montre une volonté, la matière mue, selon certaines lois, me montre une intelligence. Agir, comparer, choisir, sont des opérations d'un être actif et pensant : donc cet être existe. Où le voyez-vous exister ? non-seulement dans les cieux qui roulent, dans l'astre qui nous éclaire, non-seulement dans moi-même, mais dans la brebis qui paît, dans l'oiseau qui vole, dans la pierre qui tombe, dans la feuille qu'emporte le vent.

A quels yeux non prévenus l'ordre sensible de l'univers n'annonce-t-il pas une suprême intelligence, et que de sophismes ne faut-il pas entasser, pour méconnaître l'harmonie des êtres ?

Qu'on me parle tant qu'on voudra de combinaisons et de chances ; on peut me réduire au silence, mais jamais m'amener à la persuasion. Qu'un homme vienne me dire, qu'en projettant au hasard une multitude de caractères d'imprimerie, il a vu l'*Enéide* toute arrangée, résulter de ce jet ; au lieu d'aller vérifier cette merveille, je lui répondrais froidement, monsieur vous mentez.

Lettre à M.r de...

Le monde, dit-on, s'est arrangé fortuitement comme la république romaine : pour que la partie fût juste, il faudrait que la république romaine n'eut pas été composée avec des hommes, mais avec des morceaux de bois. Qu'on me montre clairement et sensiblement la génération purement matérielle du premier être intelligent ; et je ne demande rien de plus.

Il n'y a pas un être dans l'univers qu'on ne puisse, à quelque égard, regarder comme le centre commun de tous les autres, au tour duquel ils sont tous ordonnés. L'esprit se confond et se perd dans cette infinité de rapports, dont pas un n'est confondu, ni perdu dans la foule. Que d'absurdes suppositions pour déduire toute cette harmonie de l'aveugle méchanisme de la matière mue fortuitement ! Ceux qui nient l'unité d'intention qui se manifeste dans le rapport de toutes les parties de ce grand tout, ont beau couvrir leur galimatias *d'abstraction*, de *coordination*, de principes généraux, de termes emblématiques ; quoiqu'ils fassent, il m'est impossible de concevoir un système d'êtres si constamment

ordonnés ; que je ne conçoive une intelligence
qui l'ordonne. Il ne dépend pas de moi de croire
que la matière passive et morte a pu produire
des êtres vivans et pensans ; qu'une fatalité aveugle
a pu produire des êtres intelligens ; que ce qui
ne pense point a pu produire des êtres qui pensent.

L'expérience et l'observation nous ont fait connaître les lois du mouvement : ces lois détermi-
nent les effets sans montrer les causes ; elles ne
suffisent point pour expliquer le système du monde
et la marche de l'univers.

Descartes avec des dés formait le ciel et la
terre ; mais il ne put donner le premier branle
à ces dés, ni mettre en jeu sa force centrifuge,
qu'à l'aide d'un mouvement de rotation. *Newton*
a trouvé la loi de l'attraction ; mais l'attraction
seule réduirait bientôt l'univers en une masse
immobile : à cette loi, il a fallu joindre une
force projectile, pour faire décrire des courbes
aux corps célestes. Que *Descartes* me dise quelle
loi physique fait tourner ses tourbillons ; que
Newton me montre la main qui lança les planètes
sur la tangecte de leurs orbites.

Emile.　　En méditant sur la nature de l'homme, j'y dé-
couvre deux principes distincts, dont l'un l'élève
à l'étude des vérités éternelles, à l'amour de la
justice et du beau moral ; et l'autre le ramène
bassement en lui-même, l'asservit à l'empire des
sens, aux passions qui sont leurs ministres, et
contrarie par elles tout ce que lui inspire le sentiment du premier.

Quand je n'aurais d'autre preuve de l'immaté-
rialité de l'ame, que le triomphe du méchant
et l'oppression du juste en ce monde ; cela seul
m'empêcherait d'en douter. Une si choquante dis-

sonnance dans l'harmonie universelle ; me ferait chercher à la résoudre , je me dirais , tout ne finit pas pour nous avec la vie, tout rentre dans l'ordre à la mort. J'aurais à la vérité l'embarras de me demander, où est l'homme , quand tout ce qu'il avoit de sensible est détruit ? Cette question n'est plus une difficulté , si tôt que je reconnais deux substances. Il est très - simple que durant ma vie corporelle, n'appercevant rien que par mes sens , ce qui ne leur est point soumis, m'échappe. Quand l'union du corps et de l'ame est rompue , je conçois que l'un peut se dissoudre et l'autre se conserver. Pourquoi la destruction de l'un entrainerait-elle la destruction de l'autre ? Au contraire , étant de natures si différentes , ils étaient par leur union dans un état violent ; et quand cette union cesse , ils rentrent tous deux dans leur état naturel. La substance active et vivante regagne toute la force qu'elle employait à mouvoir la substance passive.

Je n'ai qu'à me consulter sur ce que je veux faire : tout ce que je sens être bien , est bien ; tout ce que je sens être mal, est mal : le meilheur de tous les casuistes , en la conscience , et ce n'est que quand on marchande avec elle , qu'on a recours aux subtilités du raisonnement.

Le premier de tous les soins est celui de soi-même ; cependant, combien de fois la voix intérieure nous dit , qu'en faisant notre bien aux dépens d'autrui, nous faisons mal ! Nous croyons suivre l'impulsion de la nature, et nous lui résistons : en écoutant ce qu'elle dit à nos sens , nous méprisons ce qu'elle dit à nos cœurs ; l'être actif obéit, l'être passif commande. La conscience est la voix de l'ame, les passions sont la voix du

corps, est-il étonnant que souvent ces deux lan-
gages se contredisent, et alors lequel faut-il
écouter ? Trop souvent la raison nous trompe,
nous n'avons que trop acquis le droit de la re-
cuser, mais la conscience ne trompe jamais.

Toute la moralité de nos actions est dans le
jugement que nous en portons nous-mêmes ; s'il
est-vrai que le bien soit bien, il doit l'être au
fond de nos cœurs, comme dans nos œuvres ;
et le premier prix de la justice est de sentir
qu'on la pratique.

Rentrons en nous-mêmes, examinons tout intérêt personnel à part, à quoi nos penchans nous
portent ? Quel spectacle nous flatte le plus, celui
des tourmens ou du bonheur d'autrui ? Qu'est-ce
qui nous est le plus doux à faire, et nous laisse
une impression plus agréable après l'avoir fait,
d'un acte de bienfaisance, ou d'un acte de méchanceté ? Pour qui nous intéressons-nous sur nos
théâtres ? Est-ce aux forfaits que nous prenons
plaisir ? Est-ce à leurs auteurs punis que nous
donnons des larmes ? S'il n'y a rien de moral
dans le cœur de l'homme, d'où lui viennent donc
ces transports d'admiration pour les actions héroïques ? Cet enthousiasme de la vertu, quel rapport a-t-il avec notre intérêt privé ? Pourquoi vou-
drions-nous être *Caton* qui déchire ses entrailles,
plutôt que *César* triomphant ?

L'iniquité ne plaît qu'autant qu'on en profite ;
dans tout le reste, on veut que l'innocent soit
protégé. Voit-on dans une rue ou sur un chemin
quelque acte de violence et d'injustice : à l'instant, un moment de colère et d'indignation s'élève
au fond du cœur, et nous porte à prendre la
défense de l'opprimé : au contraire, si quelque

acte de clémence ou de générosité frappe nos yeux, quelle admiration, quel amour il nous inspire! Qui est-ce qui ne se dit pas: j'en voudrais avoir fait autant! Il nous importe sûrement fort peu qu'un homme ait été méchant ou juste il y a deux mille ans; et cependant le même intérêt nous affecte dans l'histoire ancienne, que si tout cela s'était passé de nos jours. Que nous font les crimes de *Catilina*? Avons-nous peur d'être sa victime? Pourquoi donc avons-nous de lui la même horreur que s'il était notre contemporain? Nous ne haïssons pas seulement les méchans parce qu'ils nous nuisent, mais parce qu'ils sont méchans. Non-seulement nous voulons être heureux, nous voulons aussi le bonheur d'autrui; et quand ce bonheur ne coûte rien au nôtre, il l'augmente. Enfin, l'on a, malgré soi, pitié des infortunés; quand on est témoin de leur mal, on en souffre. Les plus pervers ne sauraient perdre tout-à-fait ce penchant: souvent il les met en contradiction avec eux-mêmes. Le voleur qui dépouille les passans, couvre encore la nudité du pauvre; et le plus féroce assassin soutient un homme tombant en défaillance.

Jettons les yeux sur toutes les nations du monde; parcourons toutes les histoires: parmi tant de cultes inhumains et bizarres, parmi cette prodigieuse diversité de mœurs et de caractères, nous trouverons partout les mêmes idées de justice et d'honnêteté, partout les mêmes principes de morale, partout les mêmes notions du bien et du mal.

L'ancien paganisme enfanta des dieux abominables qu'on eut puni ici-bas comme des scélérats, et qui n'offraient pour tableau du bonheur suprême, que des forfaits à commettre, et des passions à contenter : mais le vice armé d'une autorité sacrée, descendait envain du séjour éternel, l'instinct moral le repoussait du cœur des humains.

En célébrant les débauches de *Jupiter*, on admirait la continence de *Xénocrate*; la chaste *Lucrèce* adorait l'impudique *Vénus*; l'intrépide *Romain* sacrifiait à la *peur*; il invoquait le dieu qui mutila son père, et mourait sans murmure de la main du sien : les plus méprisables divinités, furent servies par les plus grands hommes. Il est donc au fond des ames, un principe inné de justice et de vertu, sur lequel, malgré nos propres maximes, nous jugeons nos actions et celles d'autrui, comme bonnes ou mauvaises; et c'est à ce principe que je donne le nom de *conscience*.

A ce mot, j'entends s'élever de toutes parts la clameur des prétendus sages : erreurs de l'enfance, préjugés de l'éducation, s'écrient-ils tous de concert ? Il n'y a rien dans l'esprit humain que ce qui s'y introduit par l'expérience, et nous ne jugeons d'aucune chose, que sur des idées acquises. Ils font plus; cet accord évident et universel de toutes les nations, ils l'osent rejetter; et contre l'éclatante uniformité du jugement des hommes, ils vont chercher dans les ténèbres quelque exemple obscur et connu d'eux seuls, comme si tous les penchans de la nature étaient anéantis par la dépravation d'un peuple, et que si tôt qu'il est des monstres, l'espèce ne fût plus rien. O *Montaigne*! toi qui te piques de franchise et de vérité, sois sincère et vrai, si un philosophe peut l'être, et dis-moi : s'il est quelque pays sur la terre, où ce soit un crime de garder sa foi, d'être clément, bienfaisant, généreux, où l'homme de bien soit méprisable, et le perfide honoré?

Chacun, dit-on, concourt au bien public pour son intérêt; mais d'où vient donc que le juste y concourt à son préjudice? Qu'est-ce qu'aller à la mort pour son intérêt? Sans doute, nul n'agit que pour son bien; mais s'il n'est un bien moral dont il faut tenir compte, on n'expliquera jamais par l'intérêt propre, que les actions du méchant. Il est même à croire qu'on ne tentera point d'aller plus loin; ce serait une trop abominable philosophie que celle où l'on serait embarrassé des actions vertueuses; où l'on ne pourrait se tirer d'affaire, qu'en leur controuvant des intentions basses et des motifs sans vertu; où l'on serait forcé d'avilir *Socrate* et de calomnier *Régulus*. Si jamais de pareilles doctrines pouvaient germer parmi nous, la voix de la nature, ainsi que celle de la raison, s'élèveraient incessamment contre elles, et ne laisseraient jamais à un seul de leurs partisans, l'excuse de l'être de bonne foi.

Conscience! conscience! instinct divin; immortelle et céleste voix; guide assuré d'un être ignorant et borné, mais intelligent et libre; juge infaillible du bien et du mal, qui rends l'homme semblable à Dieu; c'est toi qui fais l'excellence de la nature et la moralité de ses actions : sans toi, je ne sens rien en moi qui m'élève au-dessus des bêtes, que le triste privilège de m'égarer d'erreurs en erreurs, à l'aide d'un entendement sans règle et d'une raison sans principe.

Une des erreurs de notre âge, est d'employer la raison trop nue, comme si les hommes n'étaient qu'esprit. On a beau vouloir établir la vertu par la raison seule, quelle solide base peut-on lui

donner ? La vertu, dit-on, est l'amour de l'ordre;
mais cet amour peut-il donc et doit-il l'emporter
sur moi, sur celui de mon bien-être? Dans le
fond, ce prétendu principe est un pur jeu de
mots; car on peut dire aussi que le vice est l'a-
mour de l'ordre, pris dans un sens différent. Il
y a quelque ordre moral partout où il y a sentiment et intelligence. La différence est que le
bon s'ordonne par rapport au tout, et que le
méchant ordonne le tout par rapport à lui. Celui-
ci se fait le centre de toutes choses, l'autre
mesure son rayon, et se tient à la circonférence.
Alors il est ordonné par rapport au centre commun qui est Dieu, et par rapport à tous les
cercles concentriques qui sont les créatures. Si la
divinité n'est pas, il n'y a que le méchant qui
raisonne, le bon n'est qu'un insensé. Combattus
sans cesse par nos sentimens naturels qui parlent pour l'intérêt commun, et par la raison qui
rapporte tout à nous, nous flotterions toute la vie
dans cette continuelle alternative, si des nouvelles lumières ne venaient éclairer notre cœur. L'oubli de toute religion conduit à l'oubli des devoirs
de l'homme.

Un heureux instinct me porte au bien, une
violente passion s'élève, elle a sa racine dans le
même instinct; que ferai-je pour la détruire, et
lequel au fond m'importe le plus de mon bonheur
au dépens du reste des hommes, ou du bonheur
des autres au dépens du mien? Si la crainte de
la honte ou du châtiment m'empêche de mal
faire pour mon profit, je n'ai qu'à mal faire en
secret, la vertu n'a plus rien à me dire, et si
je suis surpris en faute, on punit comme à Sparte,
non le délit, mais la mal-adresse. Enfin que le

caractère

caractère et l'amour du beau soit empreint au
fond de mon ame, j'aurai ma règle de conduite
aussi long-temps qu'il ne sera pas défiguré ; mais
comment m'assurer de conserver toujours dans sa
pureté cette effigie intérieure, qui n'a point,
parmi les êtres sensibles, de modèle auquel on
puisse la comparer ? Ne sait-on pas que les affections désordonnées corrompent le jugement
ainsi que la volonté, et que la conscience s'al-
tère et se modifie insensiblement dans chaque
siècle, dans chaque peuple, dans chaque indi-
vidu, suivant l'inconstance et la variété des préjugés ? Adorons l'être éternel, et d'un soufle nous
détruisons ces fantômes de raison qui n'ont
qu'une vaine apparence, et fuyent comme une
ombre devant l'immuable vérité.

Supposons un cœur honnête en proie aux passions les plus terribles ; l'image abstraite de la
vertu qui dans le calme s'y peint si ravissant,
n'y perdra-t-elle rien de ses charmes, ne s'y ter-
nira-t-elle point au milieu des flots ? Ecartons la
supposition décourageante et terrible des périls qui
peuvent tenter la vertu mise au désespoir. Supposons seulement qu'un cœur trop sensible brûle
d'un amour involontaire pour la fille ou la femme
de son ami, qu'il soit maître d'en jouir d'elle entre le ciel qui n'en voit rien, et lui qui n'en
veut rien dire à personne ; que sa figure char-
mante l'attire ornée de tous les attraits de la
beauté et de la volupté, au moment où ses sens
énivrés sont prêts à se livrer à leurs délices, cette
image abstraite de la vertu viendra-t-elle disputer
son cœur à l'objet réel qui le frappe ? Lui pa-
raîtra-t-elle en cet instant la plus belle ? L'arra-
chera-t-elle des bras de celle qu'il aime pour se

C

délivrer à la vaine contemplation d'un fantôme qu'il sait être sans réalité ? Fuira-t-il comme *Joseph*, et laissera-t-il son manteau ? Non, il fermera les yeux et succombera. Le moyen de résister à des tentations violentes, quand on peut leur céder sans crainte, en se disant, à quoi bon résister ? Pour être vertueux, le philosophe a besoin de l'être aux yeux des hommes ; mais sous les yeux de Dieu, le juste est bien fort ! Il compte cette vie, et ses biens et ses maux pour si peu de chose ! Il apperçoit tant au-delà ! Le vrai croyant, qui se sent partout sous l'œil éternel, aime à s'honorer à la face du ciel d'avoir rempli ses devoirs sur la terre. Dans le système de la religion, c'est-à-dire des peines et des récompenses de l'autre vie, nous voyons que l'intérêt de plaire à l'auteur de notre être et au juge suprême de nos actions, est d'une importance qui l'emporte sur les plus grands maux, et en même temps d'une pureté qui peut ennoblir les plus sublimes devoirs. La loi de bien faire est tirée de la raison même, et le chrétien n'a besoin que de logique *Emile.* pour avoir de la vertu. En proie à la douleur, *Liv. 4.* il la supporte avec patience, en songeant qu'elle est passagère et qu'elle vient d'un corps qui n'est point à lui. S'il fait une bonne action sans témoin, il sait qu'elle est vue, et il prend acte pour l'autre vie, de sa conduite en celle-ci. En souffrant une injustice, il se dit : l'être juste qui régit tout, saura bien m'en dédommager.

Lettre à 　C'est un orgueil vraiment digne de la vertu, *M......* de pouvoir dire à Dieu : toi qui lis dans mon cœur, tu vois que j'use en ame forte, et en homme juste, de la liberté que tu m'a donnée.

Nouvelle 　De combien de douceurs, n'est pas privé, ce-
Héloïse.

lui à qui la religion manque ? Quel sentiment peut le consoler dans ses peines ? Quel spectateur anime les bonnes actions qu'il fait en secret ? Qu'elle voix peut parler au fond de son ame ? Quel prix peut-il attendre de sa vertu ? Comment doit-il envisager la mort ?

Supposons disais-je à M.ʳ * * *. Le genre humain vieillit jusqu'à ce jour dans le plus complet matérialisme, sans que jamais idée de divinité, ni d'ame soit entrée dans aucun esprit humain. Supposons que l'athéisme philosophique, ait épuisé tous ses systèmes pour expliquer la formation et la marche de l'univers par le seul jeu de la *matière et du mouvement nécessaire*, mot auquel au reste je n'ai jamais rien conçu. Supposons encore ce qu'on a toujours vu, qu'au lieu de se reposer tranquillement dans ces systèmes, comme dans le sein de la vérité, leurs inquiets partisans cherchent sans cesse à parler de leur doctrine, à l'éclaircir, à l'étendre, à l'expliquer, à la pallier, la corriger, et comme celui qui sent trembler sous ses pieds la maison qu'il habite, à l'étayer de nouveaux argumens. Terminons enfin ces suppositions par celles d'un *Platon* qui se levant tout-à-coup au milieu d'eux, leur eut dit : mes amis, si vous eussiez commencé l'analyse de cet univers par celle de vous-mêmes, vous eussiez trouvé dans la nature de votre être, la clef de la constitution de ce même univers, que vous cherchez en vain sans cela ; qu'ensuite leur expliquant la distinction des deux substances, il leur eut prouvé par les propriétés même de la matière, que quoiqu'en dise *Locke*, la supposition de la matière pensante, est une véritable absurdité ; qu'il leur eut fait voir qu'elle est la nature de l'être vraiment actif et pensant, et que de l'établissement de cet être qui juge, il fut enfin remonté aux notions sures de l'être suprême : qui peut douter que, frappés de l'éclat, de la simplicité, de la vérité, de la beauté de cette ravissante idée, les mortels jusqu'alors aveugles, éclairés des premiers rayons de la divinité, ne lui eussent offert, par acclamation, leurs premiers hommages, et que les penseurs surtout, et les philosophes, n'eussent rougi d'avoir contemplé si long-temps les dehors de cette machine immense, sans trouver, sans soupçonner même la clef de sa constitution, et toujours, grossièrement bornés par leurs sens, de n'avoir jamais su voir que matière, où tout leur montrait qu'une autre substance donnait la vie à l'univers, et l'intelligence à l'homme ? C'est alors que la mode eut été pour cette nouvelle philosophie, que les jeunes gens et les sages se fussent trouvés d'accord, qu'une doctrine si belle, si sublime, si douce et si consolante pour tout homme juste, eut réellement excité tous les hommes à la vertu, et que ce beau mot d'*humanité* rebattu maintenant jusqu'à la fadeur, jusqu'au ridicule, par les gens du monde les moins humains, eut été plus empreint dans les cœurs que dans les livres. Il eut donc suffi d'une simple transposition de temps pour faire prendre tout le contre-pied à la mode philosophique, avec cette différence que celle d'aujourd'hui, malgré son clinquant de paroles, ne nous promet pas des philosophes bien vertueux.

Quand les philosophes seraient en état de découvrir la vérité, qui d'entr'eux prendrait intérêt à elle ? Chacun sait bien que son système n'est pas mieux fondé que les autres, mais il le soutient parce qu'il est à lui. Où est le philosophe qui pour sa gloire ne tromperait pas volontiers le genre humain ? Où est celui qui dans le fond de son cœur se propose un autre objet que de se distinguer ? Chez les croyans, il est athée, chez les athées, il serait croyant. Ces vains et futiles déclamateurs, vont de tous côtés, armés de leurs funestes paradoxes, sappant les fondemens de la foi, et anéantissant la vertu, non qu'au fond ils haïssent la vertu ni nos dogmes, c'est de l'opinion publique qu'ils sont ennemis ; et pour les ramener au pied des autels, il suffirait de les reléguer parmi les athées. J'ai feuilleté leurs livres, j'ai examiné leurs diverses opinions, je les ai tous trouvés fiers, affirmatifs, dogmatiques même dans leur scepticisme prétendu, n'ignorant rien, ne prouvant rien, se moquant les uns des autres, et ce point commun à tous me parut le seul sur lequel ils ont tous raison.

Quelles sont les leçons de ces amis de la sagesse ? A les entendre, ne les prendrait-on pas pour une troupe de charlatans, criant chacun de son côté, venez à moi, c'est moi qui ne trompe point : l'un prétend qu'il n'y a point de corps, et que tout est en représentation ; l'autre qu'il n'y a d'autre substance que la matière, celui-ci avance qu'il n'y a ni vertus ni vices, et que le bien et le mal moral sont des chimères. Sous prétexte d'expliquer la nature, ils sèment dans le cœur des hommes des désolantes doctrines ; sous le hautain prétexte qu'eux seuls sont éclairés, vrais, de bonne foi, ils nous soumettent impérieusement à leurs décisions tranchantes, et prétendent nous donner pour le vrai principe des choses, les inintelligibles systèmes qu'ils ont bâris dans leur imagination ; du reste renversant, détruisant, foulant aux pieds tout ce que les hommes respectent, ils ôtent aux affligés la dernière consolation de leur misère, aux puissans et aux riches le seul frein de leurs passions.

3.me Dialogue.

Cet engouement d'athéisme qui distingue notre siècle, est un fanatisme éphémère, ouvrage de la mode, qui se détruira par elle, et l'on voit par l'emportement avec lequel le peuple s'y livre, que ce n'est qu'une mutinerie contre sa conscience, dont il sent le murmure avec dépit. Cette commode philosophie des heureux et des riches, qui font leur paradis en ce monde, ne saurait être long-temps celle de la multitude, victime de leurs passions, et qui, faute de bonheur en cette vie, a besoin d'y trouver au moins l'espérance et les consolations que cette barbare doctrine leur ôte. Des hommes nourris dès l'enfance dans une intolérante impiété poussée jusqu'au fanatisme, dans un libertinage sans crainte et sans honte. Une jeunesse sans discipline ; des femmes sans mœurs, tous les devoirs de la conscience anéantis, enfin nul autre lieu social que la force ; on peut prévoir aisément ce qui doit bientôt résulter de cela... Mais on sentira tôt ou tard le fruit de ces nouvelles doctrines, et jugeant d'elles par leurs funestes effets, on prendra dans la même horreur et les professeurs et les disciples qui, laissant l'empire absolu de l'homme à ses sens, et bornant tout à la jouissance de cette courte vie ; rendent le siècle où elles règnent aussi méprisable que malheureux.

Ces sentimens innés que la nature a gravé dans tous les cœurs, pour consoler l'homme dans ses misères et l'encourager à la vertu, peuvent bien, à force d'art, d'intrigues et de sophismes, être étouffés dans les individus ; mais prompts à renaître dans les générations suivantes, ils rameneront toujours l'homme à ses dispositions primitives ; comme la semence d'un arbre greffé redonne toujours le sauvageon. Ce sentiment intérieur que les philosophes admettent quand il leur est commode, et rejettent quand il leur est importun, perce à travers les écarts de la raison, et crie à tous les cœurs : que la justice a une autre base que l'intérêt de cette vie, et que l'ordre moral dont rien ici bas ne nous donne l'idée, a son siége dans un système différent, qu'on cherche en vain sur la terre, mais où tout doit être ramené. Il y a un beau livre à faire et bien nécessaire, c'est sur *l'utilité de la religion.*

Le philosophe à force de vouloir exalter son intelligence, de rafiner, de subtiliser sur ce qu'on pensa jusqu'à lui, ébranle enfin tous les axiomes de la raison simple et primitive, et pour vouloir toujours savoir mieux et plus que les autres, parvient à ne rien savoir du tout ; l'homme, à la fois raisonnable et modeste, dont l'entendement exercé, mais borné, sent ses limites et s'y renferme, trouve dans ces limites la notion de son ame et celle de l'auteur de son être ; cet homme qui n'est ni une brute, ni un prodige, est l'homme proprement dit moyen entre les deux extrêmes, et qui compose les dix - neuf vingtièmes du genre humain. C'est à cette classe nombreuse de chanter *cœli enarrant gloriam dei,* et c'est elle en effet qui le chante. Tous les peuples de la terre connaissent et adorent Dieu, et quoique chacun l'habille à sa mode, sous tous ces vêtemens divers, on trouve pourtant tou-

Let. à M.r d'Offier.

jours Dieu......... Il peut arriver que le torrent de la mode étende la secte philosophique, et persuade un moment à la multitude qu'elle ne croit plus en Dieu; mais cette mode passagère ne peut durer, et comme qu'on s'y prenne, il faudra toujours un Dieu à l'homme. C'est alors seulement qu'il trouve son véritable intérêt à être bon, à faire le bien loin des regards des hommes et sans y être forcé par les lois, à être juste entre Dieu et lui, à remplir son devoir, même au dépens de sa vie, et à porter dans son cœur la vertu, non - seulement pour l'amour de l'ordre, mais pour l'amour de l'auteur de son être; amour qui se confond avec l'amour de soi, pour jouir enfin du bonheur durable que le repos d'une bonne conscience et la contemplation de cet être suprême lui promettent dans l'autre vie, après avoir bien usé de celle-ci.

Sortons de là, je ne vois plus qu'injustice, hypocrisie et mensonge parmi les hommes; l'intérêt particulier qui, dans la concurrence, l'emporte nécessairement sur toutes choses, apprend à chacun d'eux à parer le vice du masque de la vertu. Que tous les autres hommes fassent mon bien au dépens du leur, que tout se rapporte à moi seul, que tout le genre humain meure, s'il le faut, dans la peine et dans la misère, pour m'épargner un moment de douleur ou de faim, tel est le langage intérieur de tout incrédule qui raisonne. Ouï, je le soutiendrai toujours, quiconque a dit dans son cœur, il n'y a point de Dieu, et parle autrement, n'est qu'un menteur ou un insensé.

Bayle a très-bien prouvé que le fanatisme est plus pernicieux que l'athéisme, mais ce qu'il n'a

Émile.

en garde de dire, c'est que le fanatisme, quoique sanguinaire et cruel, est pourtant une passion grande et forte, qui élève le cœur de l'homme, qui lui fait mépriser la mort, qui lui donne un ressort prodigieux, et qu'il ne faut que mieux diriger, pour en tirer les plus sublimes vertus; au lieu que l'irréligion, et en général l'esprit raisonneur et philosophique, attache à la vie, effémine, avilir les ames, concentre toutes les passions dans la bassesse de l'intérêt particulier, et sape ainsi, petit à petit, les vrais fondemens de toute société, car ce que les intérêts particuliers ont de commun, est si peu de chose, qu'il ne balancera jamais ce qu'ils ont d'opposé.

Si l'athéisme ne fait pas verser le sang des hommes, c'est moins par amour pour la paix, que par indifférence pour le bien; comme que tout aille, peu importe au prétendu sage, pourvu qu'il reste en repos dans son cabinet. Ses principes ne font pas tuer les hommes, mais ils les empêchent de naître, en détruisant les mœurs qui les multiplient, en les détachant de leur espèce, en réduisant toutes leurs affections à un secret égoïsme, aussi funeste à la population qu'à la vertu.

Je ne sais pourquoi on veut attribuer aux progrès de la philosophie la belle morale de nos livres, cette morale tirée de l'évangile, est chrétienne avant d'être philosophique. Les préceptes de *Platon* sont souvent très-sublimes, mais combien n'erret-il pas quelquefois, et jusqu'où ne vont pas ses erreurs? Quant à *Ciceron*, peut-on croire que sans *Platon*, ce rhéteur eut trouvé ses offices? Par ses principes, la philosophie ne peut faire aucun bien que la religion ne fasse encore mieux, et la religion en fait beaucoup que la philosophie ne saurait faire.

Let. écrit. de la Mont.

Les gouvernemens modernes doivent incontestablement à la religion leur plus solide autorité et leurs révolutions moins fréquentes.

Discours sur l'inégalité.Tous les gouvernemens humains ont besoin d'une base plus solide que la seule raison, et il était nécessaire au repos public que l'autorité divine intervint, pour donner à l'autorité souveraine un caractère sacré et inviolable. Quand la religion n'aurait fait que ce bien aux hommes, c'en serait assez, pour qu'ils dussent tous la chérir et l'adopter, même avec ses abus, puisqu'elle épargne encore plus de sang que le fanatisme n'en fait couler.

Préface de la cons. de Narci.Les coutumes sont la morale des peuples, et dès qu'il cesse de les respecter, il n'a plus de règle que ses passions, ni de frein que la loi, qui peut quelquefois contenir les méchans, mais jamais les rendre bons. Que de restitutions, de réparations la confession ne fait-elle point faire chez les catholiques? Combien les approches de la communion n'opèrent-elles pas de réconciliations et d'aumônes? Que d'œuvres de miséricorde sont l'ouvrage de l'évangile?

Au roi de Pologne.Ce divin livre, le seul nécessaire à un chrétien, et le plus utile de tous, à quiconque même ne le serait pas, n'a besoin que d'être médité, pour porter dans l'ame l'amour de son auteur, et la volonté d'accomplir ses préceptes. Jamais la vertu n'a parlé un si doux langage, jamais la plus profonde sagesse ne s'est exprimée avec tant d'énergie et de simplicité; on n'en quitte point la lecture sans le sentir meilleur qu'auparavant.

Emile liv. 4.Voyez les livres des philosophes avec toute leur pompe; qu'ils sont petits près de celui-là! Se peut-il qu'un livre à la fois si sublime et simple soit l'ouvrage des hommes ? Se peut-il que celui dont il fait l'histoire ne soit qu'un homme lui-même ? Est-ce-là le ton d'un enthousiaste ou d'un sectaire ? Quelle douceur, quelle pureté dans ses mœurs ! Qu'elle grace touchante dans ses instructions ! Quelle élévation dans ses maximes ! Quelle profonde sagesse dans ses discours ! Quelle présence d'esprit, quelle finesse et quelle justesse dans ses réponses ! Quel empire sur ses passions ! Où est l'homme, où est le sage qui sait agir, souffrir et mourir sans faiblesse et sans ostentation ? Quand *Platon* peint son juste imaginaire, couvert de tout l'opprobre du crime, et digne de tout le prix de la vertu, il peint trait pour trait *Jesus-Christ*: la ressemblance est si frappante, que tous les pères l'ont sentie, et qu'il n'est pas possible de s'y tromper. Quels préjugés, quel aveuglement ne faut-il point avoir pour oser comparer le fils de *Sophronisque* au fils de *Marie ?* Quelle distance de l'un à l'autre ? *Socrate* mourant sans douleur, sans ignominie, soutint aisément jusqu'au bout son personnage, et si cette facile mort n'eut honoré sa vie, on douterait si Socrate avec tout son esprit fut autre chose qu'un sophiste. Il inventa dit-on la morale. D'autres avant lui l'avaient mise en pratique; il ne fit que dire ce qu'ils avaient fait; il ne fit que mettre en leçons leurs exemples. *Aristide* avait été juste avant que *Socrate* eut dit ce que c'était que justice: *Léonidas* était mort pour son pays avant que *Socrate* eut fait un devoir d'aimer la patrie; *Sparte* était sobre avant que *Socrate* eut loué la sobriété; avant qu'il eut défini la vertu, la Grèce abondait en hommes vertueux. Mais où *Jesus* avait-il pris chez les siens cette morale élevée et pure dont lui seul a donné les leçons et l'exemple ?

Du sein du plus furieux fanatisme, la plus haute sagesse se fit entendre, et la simplicité des plus héroïques vertus, honora le plus vil de tous les peuples. La mort de *Socrate* philosophant tranquillement avec ses amis, est la plus douce qu'on puisse désirer; celle de *Jesus* expirant dans les tourmens, injuriée, raillée, maudit de tout un peuple, est la plus horrible qu'on puisse craindre. *Socrate* prenant la coupe empoisonnée, bénit celui qui la lui présente et qui pleure; *Jesus*, au milieu d'un supplice affreux, prie pour ses bourreaux acharnés. Ouï, si la vie et la mort de Socrate sont d'un sage, la vie et la mort de Jesus sont d'un Dieu. Dira-t-on que l'histoire de l'évangile est inventée à plaisir? Ce n'est pas ainsi qu'on invente; et les faits de *Socrate*, dont personne ne doute, sont moins attestés que ceux de *Jesus-Christ*. Au fond, c'est reculer la difficulté sans la détruire; il serait plus inconcevable que plusieurs hommes d'accord eussent fabriqué ce livre, qu'il ne l'est qu'un seul en ait fourni le sujet. Jamais des auteurs juifs n'eussent trouvé ni ce ton, ni cette morale, et l'évangile a des caractères de vérité si grands, si frappans, si parfaitement inimitables, que l'inventeur en serait plus étonnant que le héros.

Mais je vois mes ennemis me demander avec un sourire sardonique: comment on peut accorder cette doctrine, avec celle d'un homme qui dit : que *l'évangile est absurde et pernicieux à la société?* En avouant franchement que cet accord me paraît difficile, je leur demanderai à mon tour où est cet homme qui dit que l'évangile est *absurde et pernicieux?* Mes ennemis m'accusent de l'avoir dit; et où? dans le *contrat social* au chapitre de la

religion civile. Voilà qui est singulier ! Dans ce
même livre, et dans ce même chapitre, je pense
avoir dit précisément le contraire : je pense avoir
dit que l'évangile est *sublime et le plus fort lien de
la société.*

Ce chapitre est destiné, comme on le voit par
le titre, à examiner comment les institutions religieuses peuvent entrer dans la constitution de
l'état. Ainsi, ce dont il s'agit, n'est point de considérer les religions comme vraies ou fausses, ni
même comme bonnes ou mauvaises en elles-mêmes,
mais de les considérer uniquement par leurs rapports aux corps politiques, et comme parties de
la législation.

Le christianisme, disais-je, est dans son principe une religion universelle, qui n'a rien d'ex-
clusif, rien de local, rien de propre à tel pays,
plutôt qu'à tel autre. Son divin auteur embrassant
également tous les hommes dans sa charité sans
bornes, est venu lever la barrière qui séparait les
nations, et réunir tout le genre humain dans un
peuple de frères ; *car en toute nation, celui qui le
craint et qui s'addonne à la justice, lui est agréable.*
Act. X. 35. Tel est le véritable esprit de l'évangile.

Ceux donc qui ont voulu faire du christianisme
une religion nationale, et l'introduire comme partie constituante dans le système de la législation,
ont fait par-là deux fautes nuisibles, l'une à la
religion, et l'autre à l'état. Ils se sont écartés de
l'esprit de *Jesus-Christ* dont le règne n'est pas de
ce monde ; et mêlant aux intérêts terrestres ceux
de la religion, ils ont souillé sa pureté céleste,
ils en ont fait l'arme des tyrans et l'instrument des
persécuteurs. Ils n'ont pas moins blessé les saines
maximes de la politique, puisqu'au lieu de sim-

plifier la machine du gouvernement , ils l'ont compliquée , ils lui ont donné des ressorts étrangers, superflus ; et l'assujettissant à deux mobiles differens, souvent contraires, ils ont causé les tiraillemens qu'on sent dans tous les états chrétiens, où l'on a fait entrer la religion dans le système politique. Le christianisme rendant tous les hommes justes, modérés, amis de la paix, est très-avantageux à la société générale ; mais il énerve la force du ressort politique , il complique les mouvemens de la machine , il rompt l'unité du corps moral ; et ne lui étant pas assez approprié, il faut qu'il dégénère ou qu'il demeure une pièce étrangère et embarrassante.

Cependant il importe que l'état ne soit pas sans religion, et cela importe par des raisons graves, mais il vaudrait encore mieux n'en point avoir, que d'en avoir une barbare et persécutante, qui, tyrannisant les lois mêmes, contrarierait les devoirs du *citoyen*.

Que doit donc faire un sage législateur dans cette alternative ? De deux choses l'une. La première, d'établir une religion purement civile, dans laquelle renfermant les dogmes fondamentaux de toute bonne religion, tous les dogmes vraiment utiles à la société , soit universelle soit particulière , il omette tous les autres qui peuvent importer à la foi, mais nullement au bien terrestre unique objet de la législation ; car , comment le mystère de la *trinité* , par exemple, peut-il concourir à la bonne constitution de l'état ? En quoi ses membres seront-ils meilleurs citoyens ? Bien que le vrai christianisme soit une institution de paix, qui ne voit que le christianisme dogmatique ou théologique est, par la multitude et l'obscurité des ses dogmes ; surtout par l'obligation de les admettre , un champ de bataille toujours ouvert entre les hommes , et cela sans qu'à force d'interprétations et de décisions, on puisse prévenir de nouvelles disputes sur les décisions mêmes ?

L'autre expédient est de laisser le christianisme tel qu'il est dans son véritable esprit, libre, dégagé de tout lien de chair, sans autre obligation que celle de la conscience, sans autre gêne dans le dogme que les *mœurs* et les *lois*. La religion chrétienne est , par la pureté de sa morale, toujours bonne et saine dans l'état, pourvu qu'on n'en fasse pas une partie de sa constitution, pourvu qu'elle y soit admise uniquement comme religion , sentiment , opinion , croyance ; mais comme loi politique , le christianisme dogmatique est un mauvais établissement.

La science du salut , et celle du gouvernement sont très-différentes : vouloir que la première embrasse tout , est un fanatisme de petit esprit ; c'est penser comme les *alchymistes* qui , dans l'art de faire de l'or , voient aussi la médecine universelle ; ou comme les Mahométans qui prétendent trouver toutes les sciences dans l'*Alcoran*.

La doctrine de l'évangile n'a qu'un objet, c'est d'appeler et sauver tous les hommes ; leur liberté, leur bien-être ici bas n'y entre pour rien , *Jesus* l'a dit mille fois. Mêler à cet objet des vues terrestres , c'est altérer sa simplicité sublime , c'est souiller sa sainteté par des sentimens humains.

Le droit que le pacte social donne au souverain sur ses sujets , ne passe point les bornes de l'utilité publique : les sujets ne doivent compte au souverain de leurs opinions , qu'autant que ces opinions importent à la communauté. Or il importe bien à l'état, que chaque citoyen ait une religion qui lui fasse aimer ses devoirs ; mais les dogmes de cette religion, n'intéressent ni l'état ni ses membres, qu'autant que ces dogmes se rapportent à la morale et aux devoirs, que celui qui les professe est tenu de remplir envers autrui. Chacun peut avoir au surplus, telles opinions qu'il lui plaît, sans qu'il appartienne au souverain d'en connaître ; car comme il n'a point de compétence en l'autre monde, quelque soit le sort des sujets dans la vie à venir, ce n'est pas son affaire, pourvu qu'ils soient bons citoyens dans celle-ci.

Dieu s'est réservé sa propre défense, et le châtiment des fautes qui n'offensent que lui. C'est un sacrilège à des hommes de se faire les vengeurs de la divinité, comme si leur protection lui était nécessaire. Les magistrats n'ont aucune autorité sur les ames ; et pourvu qu'on soit fidèle aux lois de la société dans ce monde, ce n'est point à eux de se mêler de ce qu'on deviendra dans l'autre, où ils n'ont aucune inspection. Si l'on perdait ce principe de vue, les lois faites pour le bonheur du genre humain, en seraient bientôt le tourment ; et sous leur inquisition terrible, les hommes jugés par leur foi plus que par leurs œuvres, seraient à la merci de quiconque voudrait les opprimer.

Il y a donc une profession de foi purement civile dont il appartient au souverain de fixer les articles, non pas précisément comme dogmes de religion, mais comme sentimens de sociabilité, sans lesquels, il est impossible d'être bon citoyen, ni sujet fidèle.

César plaidant pour Catilina tâchait d'établir le

dogme

dogme de la mortalité de l'ame : *Caton* et *Cicéron* pour le réfuter, ne s'amusèrent point à philosopher ; ils se contentèrent de montrer que *César* parlait en mauvais citoyen, et avançait une doctrine pernicieuse à l'état , en effet *voilà de quoi devait juger le sénat de Rome , et non d'une question théologique.

Ne confondons point le cérémonial de la religion avec la religion ; le culte que Dieu demande est celui du cœur, et celui-là, quand il est sincère est toujours uniforme ; Dieu veut être adoré en esprit et en vérité , ce devoir est de toutes les religions , de tous les pays , de tous les hommes. Quant au culte extérieur, s'il doit être uniforme , c'est purement une affaire de police. Je regarde toutes les religions particulières , comme autant d'institutions salutaires , qui prescrivent dans chaque pays, une manière uniforme d'honorer Dieu par un culte public ; et qui peuvent toutes avoir leur raison dans le climat , dans le gouvernement , dans le génie du peuple ou dans quelque autre cause locale, qui rend l'un préférable à l'autre selon le temps et les lieux ; je les crois toutes bonnes quand on y sert Dieu convenablement. Le culte essentiel est celui du cœur, Dieu n'en rejette point l'hommage quand il est sincère , sous quelque forme qu'il lui soit offert.

Plus de dispute sur la préférence des cultes ; ils sont tous bons lorsqu'ils sont prescrits par les lois ; la forme des cultes est la police des religions et non leur essence, et c'est au souverain qu'il appartient de régler la police de son pays.

Je ne crois pas qu'on puisse légitimement introduire en un pays des religions étrangères sans

Émile.

À M.r de Beaumont

Émile.

D

la permission du souverain ; car si ce n'est pas désobéir à Dieu, c'est désobéir aux lois, et qui désobéit aux lois, désobéit à Dieu. Quant aux religions une fois établies ou tolérées dans un pays, il est injuste et barbare de les y détruire par la violence. Le souverain se fait tort à lui-même en maltraitant leurs sectateurs. Il est bien différent d'embrasser une religion nouvelle, ou de vivre dans celle où l'on est né : le premier cas seul est punissable, on ne doit ni laisser établir une diversité de cultes, ni proscrire ceux qui sont une fois établis ; car un fils n'a jamais tort de suivre la religion de son père, la raison de tranquilité publique, est toute contre les persé-cuteurs.

Je conviens, sans détour, qu'à sa naissance la religion reformée, n'avait pas le droit de s'éta-blir en France malgré les lois ; mais lorsque trans-mise des pères aux enfans, cette religion fut de-venue celle d'une partie de la Nation française, et que le prince eut solennellement traité avec cette partie par l'édit de Nantes ; cet édit devint en contrat inviolable qui ne pouvait plus être an-nullé que du consentement des deux parties.... N'était-ce pas les détacher de l'état que les pri-ver même des droits de la nature, en annullant leurs mariages, en déclarant leurs enfans bâtards ; comme lorsque le parlement de Toulouse, dans un arrêt concernant l'affaire de l'infortuné *Calas*, reproche aux protestans de faire entr'eux des mariages *qui, selon les protestans, ne sont que des actes civils, et par conséquent soumis entièrement pour la forme et les effets à la volonté du roi.* Ainsi de ce que selon les protestans, le mariage est un acte civil, il s'ensuit qu'ils étaient obligés de se soumettre à la volonté du roi qui en faisait un acte de la religion catholique. Les protestans pour se marier légitimement, étaient tenus de se faire catholiques...... J'en dirais trop, il faut me taire.

S'il n'y a qu'une religion véritable, et que tout homme soit obligé de la suivre sous peine de damnation, il faut passer sa vie à les étudier toutes, à les approfondir, à les comparer, à parcourir les pays où elles sont établies : nul n'est exempt de ce premier devoir de l'homme, l'artisan qui ne vit que de son travail, le laboureur qui ne sait pas lire, la jeune fille délicate et timide, l'infirme qui peut à peine sortir de son lit, tous sans exception doivent étudier, méditer, disputer, voyager, parcourir le monde. Il n'y aura plus de peuple fixe et stable. La terre entière ne sera couverte que de pélerins allant à grands fraix et avec des longues fatigues, vérifier, comparer, examiner par eux-mêmes, les cultes divers : alors, adieu les métiers, les arts, les sciences humaines et toutes les occupations civiles, il n'y aura plus d'autre étude que celle de la religion. A grande peine celui qui aura joui de la santé la plus robuste, le mieux employé son temps, le mieux usé de la raison, vécu le plus d'années, saura-t-il dans sa vieillesse à quoi s'en tenir, et ce sera beaucoup s'il apprend avant sa mort dans quel culte il aurait dû vivre.

Veut-on mitiger cette méthode, et donner la moindre prise à l'autorité des hommes, à l'instant on lui rend tout, et si le fils d'un chrétien fait bien de suivre, sans un examen profond et impartial, la religion de son père, pourquoi le fils d'un turc fairait-il mal de suivre la religion de sien ? Je défie tous les intolérans du monde, de répondre à cela, rien qui contente un homme sensé,

Dans l'incertitude où nous sommes, c'est une inexcusable présomption de professer une autre religion que celle où l'on est né, et une fausseté de ne pas pratiquer sincérement celle que l'on professe. Si l'on s'égare, on s'ôte une grande excuse au tribunal du souverain juge, ne pardonnera-t-il pas plutôt l'erreur où l'on fut nourri, que celle qu'on aura choisie ?

Le devoir de suivre et d'aimer la religion de son pays, ne s'étend pas jusqu'aux dogmes contraires à la bonne morale, tel que celui de l'*intolérance*. C'est ce dogme horrible qui arme les hommes les uns contre les autres, et les rend tous ennemis du genre humain.

Ceux qui distinguent l'intolérance *civile*, et l'intolérance *théologique*, se trompent : ces deux intolérances sont inséparables. Partout où l'intolérance théologique est admise, il est impossible qu'elle n'ait pas quelqu'effet civil, et si tôt qu'elle en a, le souverain n'est plus souverain même au temporel. Le mariage par exemple, étant un contrat civil, a des effets civils, sans lesquels il est même impossible que la société subsiste. Supposons donc qu'un clergé vienne à bout de s'attribuer à lui seul le droit de passer cet acte, droit qu'il doit nécessairement usurper dans toute religion intolérante ; alors n'est-il pas clair, qu'en faisant valoir à propos l'autorité de l'église, il rendra vaine celle du prince qui n'aura plus de sujets que ceux que le clergé voudra bien lui donner. Maître de marier ou de ne pas marier les gens, selon qu'ils admettront ou rejetteront tel ou tel formulaire....

Contrat social.

N'est-il pas clair qu'il disposera seul des hérita-
ges, des charges, des citoyens, de l'état même,
qui n'étant composé que de bâtards, ne saurait sub-
sister.

Maintenant qu'il n'y a plus et qu'il ne peut
plus y avoir de religion nationale exclusive, on
doit tolérer toutes celles qui tolèrent les autres,
autant que leurs dogmes n'ont rien de coutraire
aux devoirs du citoyen ; mais quiconque ose dire:
hors de l'église point de salut, doit être chassé de
l'état, à moins que l'état ne soit l'église et que
le prince ne soit le pontife.

Des dogmes à proscrire, l'intolérance est sans
difficulté le plus odieux, mais il faut la prendre
à sa source, car les fanatiques les plus sanguinaires, changent de langage selon la fortune, et
ne prêchent patience et douceur, que quand ils
ne sont pas les plus forts. Ainsi j'appelle intolérant par principe, tout homme qui s'imagine
qu'on ne peut être homme de bien, sans croire
tout ce qu'il croit, et damne impitoyablement
ceux qui ne pensent pas comme lui. En effet,
les fidèles sont rarement d'humeur à laisser les ré-
prouvés en paix dans ce monde, et un saint qui
croit vivre avec des damnés, anticipe volontiers sur
le métier du diable. Quant aux incrédules intolérans
qui voudraient forcer le peuple à ne rien croire,
ils doivent être bannis aussi sévèrement que ceux
qui le veulent forcer à croire tout ce qu'il leur
plaît. Car on voit au zèle de leurs décisions, qu'il
ne leur manque que d'être les maîtres pour per-
sécuter tout aussi cruellement les croyans, qu'ils
sont eux-mêmes persécutés par les fanatiques.

Je suis indigné que la foi de chacun ne soit
pas dans la plus parfaite liberté, et que l'homme

D 3

ose contrôler l'*intérieur des conscences* où il ne saurait pénétrer , comme s'il dépendait de nous de
croire ou de ne pas croire dans des matières où
la démonstration n'a point lieu ; et qu'on put jamais asservir la raison à l'autorité : tout gouvernement humain se borne par sa nature aux devoirs
civils, et quand un homme sert bien l'état , il
ne doit compte à personne de la manière dont il
sert Dieu.

Ce qui m'intéresse moi et tous mes semblables , c'est que chacun sache qu'il existe un ar-
bitre du sort des humains , duquel nous sommes
tous les enfans , qui nous prescrit à tous d'être
justes , de nous aimer les uns les autres , d'être
bienfaisans et miséricordieux , de tenir nos enga-
gemens envers tout le monde , même envers nos
ennemis et les siens ; que l'apparant bonheur de
cette vie n'est rien , qu'il en est un autre après
elle , dans laquelle cet être suprême sera le rému-
nérateur des bons , et le juge des méchans. Ces
dogmes et les dogmes semblables , sont ceux qu'il
importe d'enseigner à la jeunesse , et de persua-
der à tous les citoyens ; quiconque les combat ,
mérite châtiment sans doute , il est le perturba-
teur de l'ordre et l'ennemi de la société : quiconque les passe , et veut nous asservir à ses opinions particulières , vient au même point par une
route opposée : pour établir l'ordre à sa manière,
il trouble la paix ; dans son téméraire orgeuil, il
se rend l'interprète de la divinité , il exige en
son nom les hommages et les respects des hommes,
il se fait Dieu tant qu'il peut à sa place ; on devrait le punir comme sacrilege , quant on ne le
punirait pas comme intolérant.

Négligeons donc tous ces dogmes mystérieux ,

qui ne sont pour nous que des mots sans idées ; tenons-nous dans le cercle étroit des dogmes qui tiennent à la morale ; persuadons-nous bien qu'il n'y à rien pour nous d'utile à savoir que ce qui nous apprend à bien faire ; accoutumons-nous à nous sentir toujours sous les yeux de Dieu, à l'avoir pour témoin de nos actions, de nos pensées, à faire le bien sans ostentation, parce qu'il l'aime, à souffrir le mal sans murmure, parce qu'il nous en dédommagera, à être enfin tous les jours de notre vie ce que nous serons bien aise d'avoir été lorsque nous comparaîtrons devant lui. Rappellons-nous sans cesse que servir Dieu, ce n'est point passer sa vie à genoux devant un oratoire, que c'est remplir sur la terre les devoirs qu'il nous impose, faire en vue de lui plaire, tout ce qui convient à l'état où il nous a mis, voilà la véritable religion, voilà la seule qui n'est susceptible ni d'abus, ni d'impiété, ni de fanatisme.

On ne saurait attaquer trop fortement la superstition qui trouble la société, ni trop respecter la religion qui la soutient. La superstition est le plus terrible fléau du genre humain ; elle abrutit les simples, elle persécute les sages, elle enchaîne les nations, elle fait partout cent maux effroyables. Quel bien fait-elle ? aucun. Si elle en fait, c'est aux tyrans, c'est leur arme la plus terrible, et cela même est le plus grand mal qu'elle ait jamais fait.

Je ne trouve rien de si beau, disait mon *Vicaire savoyard*, que d'être curé : un bon curé est un ministre de bonté, comme un bon magistrat est un ministre de justice ; s'il ne peut pas toujours faire le bien par lui-même, il est toujours à sa place quand il le sollicite, et souvent il l'obtient quand il sait se faire respecter. Oh ! si jamais dans nos montagnes , j'avais quelque pauvre cure de bonnes gens à desservir, je serais heureux ; car il me semble que je ferais le bonheur de mes paroissiens ! Je ne les rendrais pas riches , mais je partagerais leur pauvreté , j'en ôterais la flétrissure et le mépris plus insupportables que l'indigence. Je leur ferais aimer la concorde et l'égalité , qui chassent souvent la misère et la font toujours supporter. Quand ils verraient que je ne serais en rien mieux qu'eux , et que pourtant je vivrais content , ils apprendraient à se consoler de leur sort , et à vivre contens comme moi. Dans mes instructions , je m'attacherais moins à l'esprit de l'église , qu'à l'esprit de l'évangile , où le dogme est simple , et la morale sublime , où l'on voit peu de pratiques religieuses , et beaucoup d'œuvres de charité. Avant de leur enseigner ce qu'il faut faire, je m'efforcerais toujours de le pratiquer, afin qu'ils vissent bien que tout ce je dis je le pense. Il ne tiendrait pas à moi de leur rendre la religion aimable.

Ce qui donne le plus d'eloignement pour les dévots de profession , c'est cette apreté de mœurs qui les rend insensibles à l'humanité ; c'est cet orgueil excessif qui leur fait regarder en pitie le reste du monde ; dans leur élévation, s'ils daignent s'abaisser à quelque acte de bonté , c'est d'une maniere si humiliante, ils plaignent les autres d'un ton si cruel, leur justice est si rigoureuse, leur charité si dure , leur zèle si amer , leur mépris ressemble si fort à la haine , que l'insensibilité même des gens du monde est moins barbare que leur commisération. L'amour de Dieu leur sert d'excuse pour n'aimer personne ; plus ils se détachent des hommes, plus ils en exigent, et l'on dirait qu'ils ne s'élèvent à Dieu, que pour exercer son autorité sur la terre. Ils font du christianisme une religion aussi terrible et déplaisante, qu'elle est agréable et douce sous la véritable loi de *Jesus-Christ*. Une des choses qui charme le plus dans le caractère de *Jesus*, n'est pas seulement la douceur des mœurs, la simplicité, mais la facilité, la grace et même l'élegance; il ne fuyait ni les plaisirs ni les fêtes, il allait aux noces, il voyait les femmes, il jouait avec les enfans, il aimait les parfums, il mangeait chez les financiers. Ses disciples ne jeûnaient point, son autorité n'était point fâcheuse, il était à-la-fois indulgent et juste, doux aux faibles, et terrible aux méchans; sa morale était attrayante et douce.

Lettre de la Mont.

Si j'avais des *protestans* dans mon voisinage, ou dans ma paroisse, je ne les distinguerais point de mes vrais paroissiens, en tout ce qui tient à la charité chrétienne, je les porterais tous à s'entr'aimer, à se regarder comme frères, à respecter toutes les religions, et à vivre en paix chacun dans la sienne.

Emile.

Je pense que solliciter quelqu'un à quitter celle où il est né, c'est le solliciter à mal faire, et par conséquent, faire mal soi-même. En attendant de plus grandes lumières, gardons l'ordre public, respectons les lois, ne troublons point les cultes qu'elles prescrivent, ne portons point les citoyens à la désobéissance; car nous ne savons point certainement si c'est un bien pour eux de quitter leurs opinions pour d'autres, et nous savons très-certainement que c'est un mal de désobéir aux lois.

Pourquoi l'état a-t-il inspection sur la croyance des citoyens? C'est parce qu'on suppose que la croyance des hommes détermine leur morale, et que des idées qu'ils ont de la vie à venir, dépend de leur conduite en celle-ci ; mais quant aux opinions qui ne tiennent point à la morale, qui n'influent en aucune manière sur les actions, et qui ne tendent point à transgresser les lois, chacun n'a là-dessus que son jugement pour maître, et nul n'a ni droit ni intérêt de prescrire à d'autres sa façon de penser. Si, par exemple, quelqu'un même constitué en autorité, venait me demander mon sentiment sur la fameuse question de l'*hypostase* dont la bible ne dit pas un mot, mais pour laquelle tant de grands enfans ont tenu des conciles, et tant d'hommes ont été tourmentés : après lui avoir dit que je ne l'entends point, et ne me soucie point de l'entendre, je le prierais le plus honnêtement que je pourrais, de se mêler de ses affaires ; s'il insistait, je le laisserais là.

Let. à M r
de Beau. Voilà le seul principe sur lequel on puisse établir quelque chose de fixe et d'équitable, sans quoi la religion qui doit faire le bonheur des hommes, fera toujours leurs plus grands maux. Quand on perd de vue les devoirs du citoyen pour ne s'occuper que des opinions des prêtres, et de leurs frivoles disputes ; on ne demande plus d'un chrétien. S'il craint Dieu, mais s'il est *ortodoxe*, on lui fait signer des *formulaires* sur les questions les plus inutiles, et souvent les plus inintelligibles, et quand il a signé, tout va bien ; il peut vivre comme il lui plaît ; ses mœurs ne font rien à l'affaire, la doctrine est en sureté. Quand la religion en est là, quel bien fait-elle à la société ? De quel avantage est-elle aux hommes ? Elle ne sert qu'à exciter entr'eux des dissensions, des troubles, des guerres de toute espèce, et à les faire entr'égorger pour des *logogriphes* : empêchons-là, s'il se peut, de dégénérer à ce point, et soyons surs d'avoir bien mérité du genre humain.

Voilà quels étaient mes principes en matière de religion, voilà la réforme salutaire que j'osai proposer, et qu'un sage vient enfin d'opérer pour le bonheur de la France et l'exemple de l'Europe, en mettant le sceau à sa gloire immortelle.

> *Giunta è la sua glorta al sommo.*   Tasso.

Ouï, désormais les Français formeront une vaste famille de frères, ce titre ne sera plus vain et dérisoire, l'amour de la patrie et de la religion ne seront plus en opposition, elles ne mettront d'autres distinctions entre leurs nombreux enfans, que celle du mérite et de la vertu. Les officiers de morale seront tout-puissans pour faire le bien, et dans une heureuse impuissance de faire le mal ; image sensible de l'emploi des esprits célestes.

> *By this, by this indeed, is imag'd heav'n,*
> *By boundless good, without the power of ill.*
>   Thomson.

Français, votre bonheur est tout fait, il ne faut qu'en jouir ; vous n'avez plus besoin pour devenir parfaitement heureux, que de savoir vous contenter de l'être ; votre souveraineté acquise à la pointe de l'épée, conservée à force de valeur et de sagesse, est enfin pleinement et universellement reconnue ; des traités honorables fixent vos limites, assurent vos droits et affermissent votre repos, votre constitution est excellente, dictée par la plus sublime raison. Puisse durer toujours, pour le bonheur de ses concitoyens, et l'exemple des peuples, une République si sagement et si heureusement constituée : voilà le seul vœu qui vous reste à faire, et le seul soin qui vous reste à prendre. C'est à vous seuls désormais, non à faire votre bonheur, un *héros* vous en a évité la peine, mais à le rendre durable par la sagesse d'en bien user. C'est de votre union perpétuelle, de votre obéissance aux lois, de votre respect pour leurs ministres que dépend votre conservation. S'il reste parmi vous le moindre germe d'aigreur, hâtez-vous de le détruire comme un levain funeste d'où résulterait tôt ou tard la perte de la République. Accordez sans réserve à vos sages magistrats cette salutaire confiance que la raison doit à la vertu.

Et toi, génie bienfaisant et créateur, *Bonaparte !* achève l'ouvrage sublime que tu as si glorieusement commencé. Nouvel *Atlas*, tu soutiens seul l'immense édifice de la République française, et par un généreux dévouement, tu n'as pas refusé de supporter ce poids pendant toute ta vie! C'était peu pour toi de l'avoir assise sur une base solide et stable, de lui avoir assigné le premier rang parmi toutes les puissances de l'Europe, de lui avoir donné une paix glorieuse, d'avoir multiplié ses ressources, établi son crédit, rassuré ses alliés, découragé ses ennemis; ta grande ame craignait de passer une journée sans combler la grande famille de quelque nouveau bienfait:... plus heureux que *Titus*, tu n'éprouveras jamais ce regret.

La République française t'aurait adressé ses remercîmens, si, d'après le premier mouvement de ton cœur, tu avais consacré ta vie au soin de la rendre heureuse; mais par respect pour la souveraineté du peuple, tu as voulu le consulter et attendre son vœu ! O spectacle digne des cieux! voilà, voilà le règne des lois. . . . ! Mais où m'emporte un zèle indiscret? Te dirai-je que dans la

liberté sage et modérée que tu as établie dans
la République, je reconnais avec orgueil mes idées
et mes principes? Mais je m'arrête, craignant de
nuire au bonheur du peuple français, en te dé-
robant plus long-temps ces momens précieux que
tu sais si bien utiliser pour sa gloire et sa prospérité.

Cum tot sustineas et tanta negotia solus,
Respublicas armis tuteris, moribus ornes,
Legibus emendes; in publica commoda peccem;
Si longo sermone morer tua tempora.

Horat.

Je vais donc marquer ta place auprès du vertueux *Fénélon* qui t'annonça à la France sous
les traits de *Télémaque.*

Je soussigné, déclare avoir vendu le présent
ouvrage au citoyen GORRIN fils, imprimeur, pour
devenir sa propriété.

Chambéry, le 6 vendémiaire an 11 de la République française.

J. MARTIN.

D'après la vente ci-dessus, je déclare que je
poursuivrai devant les tribunaux tous ceux qui
réimprimeront ledit ouvrage, sans mon aveu et
mon autorisation.

Chambéry, le 12 vendémiaire, an 11 de la
République française.

GORRIN fils, imprimeur.